Katja Reider
Liebeswahn

Katja Reider

# Liebeswahn

Hase und Igel®
light

Für Lehrkräfte gibt es zu diesem Buch
ausführliches Begleitmaterial beim Hase und Igel Verlag.

Dieses Buch erschien erstmals 2006 unter dem Titel „Wahnsinnsliebe"
im Ravensburger Buchverlag Otto Maier GmbH, Ravensburg.
Es wurde für diese Neuausgabe gemeinsam mit der Autorin
überarbeitet.


www.hase-und-igel.de
Lektorat: Annette Huppertz
Illustrationen: Heidi Kull
Druck: CPI – Ebner & Spiegel, Ulm

ISBN 978-3-86760-131-3
1. Auflage 2011

# Inhalt

## 1. Kapitel:
## **Was ist schon Liebe?**

„Hey, was haben die denn schon wieder zu kichern?“ Ich zeige rüber zu den Mädchen am Schultor, die gackernd ihre Köpfe zusammenstecken.

„Na, was schon?“ Mara zuckt die Achseln. „Das Übliche: Caro verrät pikante Einzelheiten aus ihrem Liebesleben.“

Ich schüttle verständnislos den Kopf. „Und wer will die wissen?“

Mara grinst. „Alle. Das siehst du doch, Fanny!“

„Also ich nicht.“ Entschlossen ziehe ich Mara auf die andere Seite des Schulhofs. „Ich kapier das sowieso nicht: Jedem bindet Caro auf die Nase, wie sehr sie ihren Tim liebt. Und im nächsten Moment breitet sie seine Kusstechniken in aller Öffentlichkeit aus. Also ich an Tims Stelle würde mich irgendwie

verraten fühlen. Himmel, wenn ich mir vorstelle, dass jemand solche Dinge von mir preisgibt! Und dann noch jemand, der mich angeblich liebt."

Mara beißt krachend in ihren Apfel. „Vielleicht erzählt Tim ja seinen Kumpels die gleichen Geschichten über Caro."

„Du meinst, wie groß ihr Busen ist und so?"

Mara nickt. „Ich bin sicher, Ben und Diego kennen Caros Körbchengröße genauso gut wie Tim."

Ich verdrehe die Augen. „Und das soll dann Liebe sein? Nein danke! Liebe hat doch mit Vertrauen zu tun. Mit Geheimnissen, die nur zwei Menschen miteinander teilen. Zwei – und nicht zwanzig!“

„Mensch, Fanny, im Fernsehen kannst du jeden Tag zusehen, wie irgendwelche Pappnasen ihre Sexgeschichten vor Millionen von Leuten ausbreiten! Dagegen ist Caro doch harmlos! Ich versteh sowieso nicht, wieso dich Caros Gelaber überhaupt beschäftigt. Das kann uns doch völlig schnuppe sein.“

„Ist es ja auch“, sage ich.

Aber das stimmt nicht. In diesem Punkt bin ich nicht ganz ehrlich. Nicht mal Mara gegenüber. Ich spitze nämlich durchaus die Ohren, wenn Caro ihre Storys erzählt. Ich bin zwar ein bisschen angeekelt von Caros Hemmungslosigkeit und meiner eigenen Neugier. Doch ich höre ihr zu. Vorausgesetzt, es kriegt keiner mit.

Caro ist vierzehn, nur ein halbes Jahr älter als ich. Aber neben ihr fühle ich mich wie ein Kleinkind. Wenn Caro eine ihrer extraknappen Jeans trägt, sieht man ihren Bauchnabel. Oft sogar ein Stück von ihrem Spitzenslip. Das wird alles schön zur Schau gestellt.

Und bei mir? Bei mir sieht man eine Speckrolle und mein Unterhemd! Ich meine, das kann es doch nicht sein, oder? Die Jungs an unserer Schule wissen nicht mal, dass es mich gibt! Nicht, dass ich was von denen wollte. Die meisten sind grässlich: laut, total verpickelt und voll nervig. Aber es ärgert mich doch irgendwie, dass sie durch mich hindurchsehen. Die nehmen mich doch gar nicht wahr!

Fabian ist der Einzige, der hin und wieder angetrabt kommt. Vor einiger Zeit haben wir zusammen ein Deutschreferat gehalten. Und seitdem hat er beschlossen, dass wir ähnlich ticken. So hat er das jedenfalls genannt: ähnlich ticken. Aber gemeint hat er etwas anderes. Fabian denkt, dass wir beide Außenseiter sind. Er, weil er bei den lauten, blökenden Angeberspielchen der Jungs nicht mitmischt. Und ich, weil ich nicht gackernd neben den anderen Mädels in einem zu knappen Top über den Schulhof hopse. Aber ich will diese Gemeinschaft mit Fabian nicht, diese Notgemeinschaft der Außenseiter. Ich sehe mich nicht so. Ich bin nicht allein. Schließlich habe ich ja Mara, meine beste Freundin.

Vor zwei Jahren ist Mara mit ihrer Mutter ins Haus gegenüber gezogen. Ganz oben ins Dachgeschoss. Seitdem haben Mara und ich zahllose Nachmittage zusammengehockt. Wir haben uns jedes Drama aus unserer Zwergenzeit gebeichtet, jede noch so schlimme Peinlichkeit. Und wir haben unser gegenseitiges Vertrauen nie enttäuscht. Wir haben nichts ausgeplaudert. Keine Klitzekleinigkeit.

Obwohl meine Mutter in regelmäßigen Abständen Versuche startet, mich auszuhorchen. Natürlich bemüht sie sich, ihre Neugier zu tarnen: „Hat Maras Mutter eigentlich schon wieder einen neuen Freund? Ich hab da neulich jemanden gesehen, der …"

Da klappe ich einfach meine Ohren zu und stelle auf Durchzug. Obwohl ich ziemlich gut Bescheid weiß über Miriams Männer. Miriam, so heißt Maras Mutter. Mara nennt sie beim Vornamen. Miriam ist noch ziemlich jung. Sie war gerade erst zwanzig, als Mara geboren wurde. Maras Erzeuger hat sich schon vor Jahren aus dem Staub gemacht. Warum also sollte Miriam nicht hin und wieder einen Freund haben? Auch wenn's nie lange dauert. Mara sagt, die meisten Männer sind Miriam einfach zu unreif. „Berufsjugendliche" nennt Miriam diese Typen. Damit meint sie Männer, die mit Ende dreißig noch immer ihre schmutzige Wäsche bei Mami abgeben und anschließend mit ihren Kumpels durch die Bars ziehen. Ob Miriam in diese Männer verliebt ist? Ich glaube nicht.

Aber was ist schon Liebe? Etwa das, was zwischen meinen Eltern läuft? Die leben doch total aneinander vorbei. Jeder macht sein Ding: Papa hockt abends am Computer, Mama vor dem Fernseher. Aber okay, hin und wieder reden sie dann doch miteinander oder lachen. Oder sie sitzen aneinandergekuschelt auf dem Sofa. Dabei sehen sie eigentlich ganz zufrieden aus.

Vielleicht reicht das ja? – Ich glaube, mir würde es nicht reichen.

## 2. Kapitel: **Verletzt**

Als ich nach Hause komme, ist die Wohnung leer. Ach ja, heute ist Mittwoch. Da arbeitet Mama seit Neuestem nachmittags bei *Diva*, einem Secondhand-Laden. Auf dem Küchentisch liegt eine Einkaufsliste und ein Geldschein, daneben ein Zettel:

*Hallo Fanny, ich hatte leider keine Zeit zu kochen. Hol Dir bitte eine Pizza und bring noch ein paar andere Sachen mit, ja? Danke!*
*Kuss von Mama*

Genervt knalle ich meine Schultasche auf den Boden. Das ist ja mal wieder toll! Jetzt darf ich auch noch durch den Supermarkt rennen. Dabei hängt mir mein Magen schon bis in die Kniekehlen. Hilft nix. Ich schnappe mir die Einkaufstasche und trabe los.

Wenigstens ist der Laden um diese Zeit nicht so voll. Außer mir schieben nur ein paar Omis ihre Einkaufswagen durch die Gänge. Ich schaue auf meine Liste. Mensch, was hat Mama denn da schon wieder alles aufgeschrieben? Das ist ja ein halber Wocheneinkauf! An der Kasse muss ich mir eine zusätzliche Tüte geben lassen, um alles mitzukriegen. Blöde Schlepperei! Jetzt aber nach Hause. Eben hat mein Magen so laut geknurrt, dass die Kassiererin mich schon ganz komisch angesehen hat. Im Laufen wühle ich in meiner Tasche nach dem Hausschlüssel. Wo ist denn das verdammte Ding? Ohne richtig zu schauen, sprinte ich über die Straße. Ich sehe das Fahrrad, das auf mich zugerast kommt, erst viel zu spät. Reifen quietschen. Metall scharrt scharf über Asphalt. Jemand schreit auf. Und plötzlich liege ich am Boden. Neben mir ein malerischer See aus rosa Joghurt und gelber Buttermilch.

Mein Knie brennt wie Hölle, wahrscheinlich ist es aufgeschürft. Ich schaue an mir herunter. Sonst scheint mir nichts zu fehlen. Ich habe Glück gehabt.

„Ist dir was passiert? Jetzt sag doch was!" Das blonde Haar des Typen neben mir ist verwuschelt. Seine braunen Augen sehen mich besorgt an. „Du bist mir direkt vors Rad gelaufen! Ich konnte nicht mehr bremsen. Ist alles okay mit dir?"

Ich nicke stumm und starre auf mein Knie. Die Jeans hat einen fetten Riss und auf dem Stoff breitet sich langsam, aber sicher ein Blutfleck aus.

„Oje, du bist ja doch verletzt! Darf ich mal sehen?“

Als ich nicke, krempelt er vorsichtig meine Jeans hoch. „Das ist nur eine Schürfwunde. Nicht so schlimm.“ Er lächelt mir beruhigend zu. „Ich studiere Medizin. Ich bin zwar erst im dritten Semester, aber für ein paar schlaue Sprüche reicht es schon, wie du siehst.“

Ich muss lachen. Aber es klingt mehr wie ein Krächzen. Er streckt mir seine Hand entgegen. „Komm, ich helfe dir aufzustehen! Ganz vorsichtig, ja?“

Ich greife nach seinem Arm. Fast mühelos zieht er mich hoch und stellt mich sanft auf die Füße. Ich spüre seinen prüfenden Blick. „Geht es?“

„Hmm.“

„Warte, ich schau mal, was von deinen Einkäufen noch zu retten ist, ja? Und dann bringe ich dich nach Hause. Deine Mutter macht bestimmt Hackfleisch aus mir, wenn sie dich so sieht."

„Meine Mutter ist gar nicht da."

„Ach so, hmm …" Er überlegt. „Die Wunde muss aber wenigstens gereinigt und versorgt werden. – Pass auf, ich schlage vor, wir gehen eben schnell zu mir. Ich verpasse dir ein schönes Pflaster und danach bringe ich dich nach Hause, einverstanden?"

Ich zögere, überlege kurz. Nein, der Typ sieht nicht aus wie einer, der gezielt kleine Mädchen über den Haufen fährt, um sie dann in seine Wohnung zu verschleppen. Also nicke ich. „Ich wohne gleich da drüben, in dem roten Backsteinhaus, im dritten Stock."

„Wirklich?" Er lächelt und neben seinem Mundwinkel bildet sich ein kleines Grübchen. „Dann können wir uns ja quasi ins Fenster schauen. Ich wohne nämlich genau gegenüber. Guck, dort drüben! Auch im dritten Stock."

Er deutet auf das Haus, in dem auch Mara wohnt. Komisch, dass ich ihn hier vorher noch nie gesehen habe!

Schnell und geschickt sammelt er meine Einkäufe ein und stopft sie zurück in die Tüte. „Bis auf den Joghurt und die Milch ist alles heil geblieben. – So, los geht's! Möchtest du dich auf meinen Arm stützen?"

Ich schüttle den Kopf. „Nee, so schlimm ist es nicht."

Er zwinkert mir zu. „Hey, ich mag tapfere Mädchen."

Ich spüre, wie ich rot werde. Ich würde jetzt furchtbar gern irgendetwas Witziges, Schlagfertiges antworten. Aber mir fällt nichts ein, wie üblich.

Stattdessen frage ich lahm: „Wie heißt du eigentlich?"

„Jan.“ Er lächelt wieder und streicht sich die Haare aus der Stirn. „Und du?“

„Fanny.“

Es ist mir immer peinlich, meinen Namen zu nennen. Meistens folgt daraufhin nämlich irgendein dämlicher Spruch in Richtung Kartoffelklöße: „Pfanni?! Du heißt wirklich Pfanni? Höhöhö!“ Und jeder Torfkopf findet sich unheimlich originell dabei, meinen Namen mindestens viermal falsch auszusprechen. Bis das Spielchen zu langweilig wird. – Warum konnten mir meine Eltern auch keinen ganz normalen Namen verpassen? Marie zum Beispiel oder Laura oder Jana? Na, egal. Ich muss wohl damit leben, ein wandelnder Kartoffelkloß zu sein. Nur eins ist klar: Ein paar Speckröllchen gehen noch. Aber richtig fett werden darf ich nie! Wer Fanny heißt, darf nicht auch noch nach Pfanni aussehen!

Ich werfe Jan einen schnellen Seitenblick zu. Nein, er wird keinen blöden Spruch reißen. Da bin ich mir sicher. So weit kann ich ihn einschätzen, obwohl wir uns erst seit ein paar Minuten kennen.

## 3. Kapitel:
## **In seiner Nähe**

Jan schwingt sich meine Einkaufstasche über die Schulter und wir schieben los. Ich werfe einen Blick auf sein Fahrrad. Oje, sein Vorderrad ist ja durch unseren Zusammenstoß total ramponiert! Aber das hat Jan noch mit keinem Wort erwähnt! Andere Typen hätten doch gleich angefangen zu jammern: Wie teuer so ein neuer Reifen ist und dass sie das Fahrrad doch jeden Tag brauchen. Und, und, und. Aber Jan ist anders. Er tut so, als wäre alles in bester Ordnung. Leise vor sich hin pfeifend passt er sich meinem Schleichtempo an. Besonders schnell bin ich wirklich nicht. Jetzt, beim Gehen, tut mein Knie richtig weh. Ich bin froh, als wir die paar Meter bis zu Jans Haus geschafft haben. Er schließt sein Fahrrad ab und hält mir die Eingangstür auf. Bei ihm wirkt diese Geste kein bisschen albern oder aufgesetzt, sondern einfach nur nett und rücksichtsvoll.

„Du darfst dich nicht wundern“, sagt er, während wir die Treppe hochgehen. „Bei mir sieht’s ziemlich chaotisch aus. Ich habe gestern versucht, Gulasch zu kochen.“ Er grinst. „Das ist leider ziemlich schief gegangen.“

„Hattest du Besuch?“ Sofort sehe ich Jan in einer Runde aufgedrehter Studenten vor mir. Und irgendwie gefällt mir das Bild nicht. Ich weiß nicht mal, warum.

„Nein, zum Glück nicht.“ Er schüttelt den Kopf. „Ich hab für mich alleine gekocht. Weißt du, bisher kenne ich hier in Köln noch kaum jemanden. Ich hab die ersten beiden Semester in Freiburg studiert.“

Ach so. Er ist gerade erst zugezogen. Deshalb habe ich ihn vorher noch nicht gesehen. Denn aufgefallen wäre er mir bestimmt! Gut aussehende Typen wachsen hier in der Gegend nämlich nicht gerade auf den Bäumen.

Jan stellt meine Tasche ab und schaufelt mit einer Handbewegung den einzigen Sessel frei. „Setz dich! Ich bin gleich wieder da!“

Neugierig blicke ich mich um. Anscheinend besteht Jans Wohnung nur aus einem einzigen Zimmer mit Kochecke und einem angrenzenden Bad. Aber es ist gemütlich hier. Das breite Sofa mit den vielen Kissen baut er nachts sicherlich zum Bett um. Und hey, was steht denn da für ein Foto auf der Kommode? Ich recke meinen Hals, um es besser sehen zu können. Etwa seine Freundin? Ich fühle einen klitzekleinen Stich. Nein, das Foto zeigt Jan selber, anscheinend auf einer Fahrradtour mit Freunden. Ich atme auf. Na bitte, wenn er eine Freundin hätte, würde doch sicherlich hier irgendwo ein Foto von ihr stehen, oder? Aber wieso interessiert mich das überhaupt? Bevor ich darüber nachdenken kann, kommt Jan schon wieder. Unter seinem Arm trägt er einen kleinen Verbandskasten.

„Darf ich?“ Jan kniet jetzt direkt vor mir. Vorsichtig beginnt er, mein Knie mit irgendeiner scharfen Flüssigkeit abzutupfen. Dabei wirkt er ganz konzentriert und ist mir so nah, dass ich sein Aftershave riechen kann. Oder ist das sein Shampoo? Egal, es duftet jedenfalls gut.

Er blickt kurz auf. „Tut's weh, Fanny?“

Aus seinem Mund klingt mein Name richtig schön und … ja, irgendwie besonders.

„Ein bisschen“, gebe ich zu.

Er lächelt. „Ist gleich vorbei. Denk an was Schönes!“

Aber ich muss mich nicht ablenken. Ich schaue einfach zu, wie Jan da vor mir hockt und mit sanften, sicheren Bewegungen mein Knie verarztet. Was für schöne Hände er hat! Seine Haare sind blond und wuschelig. Sie fallen ihm immer wieder in die Stirn. Süß sieht das aus! Und dieses T-Shirt steht ihm echt gut. Sicher macht er irgendeinen Sport. Nicht so ein blödes hirnloses Muskeltraining, sondern etwas, das Spaß macht. Etwas, das ihn zum Lachen bringt. Jans Mund sieht aus, als ob er oft lacht – und gern küsst …

„Alles okay?“ Jan blickt mir plötzlich so direkt in die Augen, dass ich zurückzucke.

Oh Gott, hat er etwa meine Gedanken gelesen? Oder gespürt? Gibt es so was? Ach Quatsch! Ich atme tief durch und konzentriere mich darauf, jetzt nicht rot anzulaufen.

Als ich sicher bin, dass ich wieder normal sprechen kann, sage ich: „Klar, alles bestens! Bist du fertig?“

Jan nickt. „Spätestens übermorgen solltest du das Pflaster abmachen. Dann kann die Wunde besser heilen.“

„Gut.“ Ich springe auf. „Danke!“

Einen Moment lang stehen wir uns etwas unsicher gegenüber. Dann zeige ich unvermittelt an ihm vorbei aus dem Fenster. „Schau, da drüben ist mein Zimmer.“

Er folgt meinem Blick. „Prima, dann winke ich dir heute Abend zu.“

„Und ich winke zurück.“

Plötzlich bin ich wieder verlegen. Ich würde so gern noch ein bisschen bei ihm bleiben. Gar nicht viel reden. Ihn einfach nur anschauen und hin und wieder ein Lächeln einfangen. Aber es gibt keinen Grund, meinen Besuch noch länger auszudehnen. Jedenfalls fällt mir keiner ein.

Also greife ich nach meiner Tasche mit den Einkäufen und sage etwas halbherzig: „Na, dann gehe ich jetzt mal rüber. Danke noch mal fürs Verarzten, Jan!“ Wie gut es tut, seinen Namen auszusprechen!

Er grinst. „Na, hör mal! Schließlich habe ich dich über den Haufen gefahren!“

„Aber doch nur, weil ich nicht aufgepasst habe“, widerspreche ich eifrig.

„Mag ja sein. Trotzdem fühle ich mich ein bisschen schuldig. Ich habe einfach zu spät reagiert.“ Jan fährt sich mit den Fingern durchs Haar. „Wie ist es: Schaffst du es allein oder soll ich dich noch rüber in eure Wohnung begleiten?“

„Nein, das ist nicht nötig.“ Ich schüttle energisch den Kopf. Natürlich wäre es toll, wenn er jetzt noch mit zu uns kommen würde. Aber ich will das Bild des tapferen Mädchens, das er von mir hat, nicht im letzten Moment kaputt machen.

„Tschüss, Jan, bis bald!“

„Mach’s gut, Fanny! Pass auf dich auf!“ Kurz und sanft gleitet seine Hand über meinen Arm. Noch einmal blitzt sein Lächeln auf. Dann schließt sich die Tür.

Als ich kurz darauf den kleinen Hof zwischen unseren Häusern überquere, schaue ich zu seinem Fenster hinauf. Ob er mir nachblickt? Quatsch, warum sollte er? Schließlich ist das hier mein Leben und keine Kinoschnulze! – Mein Knie tut kaum noch weh, seit Jan die Wunde versorgt hat. Sicher wird er später ein guter Arzt.

Jan … Was für ein schöner Name! Er klingt irgendwie männlich und gleichzeitig weich, finde ich.

## 4. Kapitel: **Fensterkino**

Ich schließe die Wohnungstür auf und schleppe meine Einkäufe in die Küche. Das meiste stopfe ich direkt in den Kühlschrank. Erst als mein Blick auf die Pizzapackung fällt, springt mich plötzlich der Hunger wieder an. So, als hätte er hier in der Küche auf meine Rückkehr gelauert. Ich schalte den Ofen an. Verrückt, mein Hungergefühl war eben bei Jan komplett weg! Wie ausgeschaltet!

Während die Pizza im Ofen brutzelt, gehe ich in mein Zimmer. Ob ich wirklich in Jans Wohnung schauen kann? Ja, tatsächlich! Da sitzt er, an seinem Schreibtisch, über ein Buch gebeugt. Die Leseleuchte ist angeschaltet, deshalb kann ich sein Gesicht deutlich sehen. Was schreibt er denn da? Bestimmt lernt er für sein Studium. Jedenfalls macht er sich zwischendurch immer wieder Notizen.

Wie konzentriert er aussieht! Und wie ernst! Eben mit mir zusammen hat er ständig gelacht. Jetzt blickt er auf und schaut aus dem Fenster. Kann er mich auch sehen? Nein, unmöglich! Ich lehne an der Wand und habe das Licht nicht eingeschaltet. So kann ich ihn in Ruhe betrachten.

Die Küchenuhr klingelt. Ah, meine Pizza ist fertig! Das wird auch Zeit. Mein Magen knurrt wie eine Raubkatze. Ich eile in die Küche und schaufle mir den dampfenden Teigfladen auf einen Teller. Eigentlich könnte ich auch in meinem Zimmer essen – und dabei noch einen kleinen Blick auf Jan werfen. Klar, das mache ich!

Im Vorbeigehen nehme ich Mamas verstaubtes Opernglas aus der Kommode. Damit kann ich ihn noch besser sehen.

Oh, jetzt ist er aufgestanden. Er telefoniert anscheinend. Mit wem er wohl spricht? Bestimmt mit einem Freund. Jan redet lebhaft, er lacht zwischendurch und gestikuliert. Dabei kann ihn sein Gesprächspartner ja gar nicht sehen. Ob Jan dem anderen gerade von unserer Begegnung erzählt? Ob er sich auch darüber freut, mich kennengelernt zu haben? Nicht mehr ganz allein zu sein in einer fremden Stadt?

Hey, ich bin gespannt, was Mara zu der Geschichte sagen wird. Vielleicht kennt sie Jan ja schon. Eventuell ist sie ihm mal im Treppenhaus begegnet oder so. Das muss ich jetzt sofort wissen! Ungeduldig wähle ich ihre Nummer. Miriam ist am Apparat.

„Hallo Fanny, kommst du auch mit Mathe nicht klar? Mara hockt schon seit fast einer Stunde über diesen blöden Gleichungen."

„Ehrlich gesagt, ich hab noch gar nicht mit den Hausaufgaben angefangen."

„Böses Mädchen." Miriam lacht und reicht den Hörer an Mara weiter.

Bevor Mara mich mit irgendwelchem Mathekram vollsülzen kann, erzähle ich ihr von meinem Unfall und von Jan. Wie er mich verarztet hat und so. Ich erzähle Mara die ganze Geschichte. Ich lasse nichts aus.

„Bist du ihm vielleicht schon mal begegnet, Mara? Er ist so ein großer, blonder Typ. Mitte zwanzig, denke ich. Du, stell dir vor, er wohnt im dritten Stock, genau wie ich. Nur eben gegenüber, in eurem Haus. Kennst du ihn?“

Mara überlegt. „Ich glaube, ich weiß, wen du meinst. Ich hab gesehen, wie er seine Umzugskisten hier ins Haus geschleppt hat. Stimmt, der sah nett aus!“

„Ja, nicht wahr? Du, Mara, der sieht noch immer nett aus! Je länger ich ihn mir so anschaue …“

„Hä? Wieso? Kannst du ihn gerade sehen?“

Ich kichere glucksend. „Allerdings, ich habe einen Logenplatz! Von meinem Zimmer aus kann ich direkt in seine Wohnung gucken. Mit dem Opernglas sogar bis auf seinen Schreibtisch!“

„Komm, Fanny, hör auf damit! Das ist ja voll peinlich! Dieser Jan kann doch sehen, dass du ihn beobachtest.“

„Nee, das kann er nicht. Ich steh ja nicht direkt am Fenster. Ich sitze auf meinem Bett.“

„Du hockst da echt mit einem Fernglas und himmelst einen Typen im Nebenhaus an? Sag mal, spinnst du, Fanny?“

Ich schnappe nach Luft. Maras Reaktion verletzt mich. Sie versteht mich doch sonst immer. Wieso denn ausgerechnet jetzt nicht? „Mensch, da ist doch nichts dabei!“, verteidige ich mich.

Aber plötzlich interessiert mich etwas anderes: „Du, Mara, als Jan eingezogen ist, hat ihm da jemand geholfen?“

„Geholfen? Wieso? Keine Ahnung, ich hab niemanden weiter gesehen. Warum fragst du?“

„Also … äh“, ich zögere einen Moment, aber dann spreche ich doch weiter. „Also, da war kein Mädchen bei ihm oder so?“

Mara pfeift durch die Zähne. „Verstehe ich dich richtig? Du willst wissen, ob der knackige blonde Jan eine Freundin hat?“

Vor Mara kann ich einfach nix geheim halten. Sie kennt mich zu gut. „Na ja, äh … also, ja! Genau das will ich wissen.“

„Wie gesagt, ich habe niemanden weiter gesehen. Aber Mensch, Fanny, darüber brauchst du doch gar nicht nachzudenken! Der Typ ist ein Grufti. Ich meine, für den sind wir doch Pipimädchen.“

„So hat er mich aber nicht behandelt.“

„Wie denn?“

„Na, jedenfalls nicht wie ein Kleinkind.“

„Also gut, dann eben nicht.“ Mara hat offensichtlich keine Lust mehr, sich mit mir zu kabbeln. Sie wechselt das Thema. „Sag mal, willst du nicht rüberkommen? Dann können wir zusammen Mathe machen. Alleine peile ich das heute irgendwie nicht. Sogar Miriam hat schon aufgegeben.“

Ich zögere einen Moment. Aber dann lehne ich ab. Ich habe nicht die geringste Lust, mich jetzt mit öden Matheaufgaben zu beschäftigen. Dazu bin ich viel zu aufgedreht. Viel lieber will ich Jan noch ein bisschen beobachten. Aber das binde ich Mara natürlich nicht auf die Nase – so, wie sie eben reagiert hat.

Ob Jan daran denkt, mir heute Abend zuzuwinken? Und wann ist für ihn Abend? Um acht? Oder um elf? Oder um Mitternacht?

Nachdenklich bringe ich meinen leeren Pizzateller in die Küche. Als ich in mein Zimmer zurückkehre, ist Jans Wohnung dunkel. Er ist also noch mal weggegangen. Schade!

Im Laufe der nächsten Stunden schaue ich immer wieder ungeduldig zum anderen Haus hinüber. Wann kommt Jan denn endlich zurück? Ich muss lange warten. Erst kurz bevor ich zu Bett gehen will, brennt drüben wieder Licht! Ich schalte in meinem Zimmer die Deckenbeleuchtung an und stelle mich dicht ans Fenster. So bin ich gut zu sehen. Mensch, wann schaut er denn endlich zu mir rüber? Ah, jetzt! Jetzt hat er mich gesehen! Er grinst und winkt mir zu. Ich winke zurück und dann werfe ich ihm eine Kusshand zu. Einfach so. Einen Moment lang wirkt Jan verblüfft. Doch dann springt er im Zimmer herum, als versuche er, meinen durch die Luft sausenden Kuss aufzufangen. Wir lachen beide und winken noch mal.

Dann lösche ich das Licht.

Ich fühle mich einfach wunderbar.

In dieser Nacht träume ich von Jan. Er hält mich, streichelt mein Gesicht, flüstert meinen Namen. Oh, Jan … Seine Lippen küssen meine Tränen fort. – Warum habe ich überhaupt geweint?

## 5. Kapitel:
**Fast ein Streit**

Am nächsten Morgen stürze ich gleich ans Fenster. Aber drüben sind die Vorhänge zugezogen. Jan scheint noch zu schlafen. Ob er auch von mir geträumt hat? – Wenigstens ein kleines bisschen?

Vor der Haustür wartet Mara auf mich. Irgendwie ist sie immer als Erste da. Obwohl ich mir dauernd vornehme, ihr mal zuvorzukommen. Es klappt einfach nicht.

Mara grinst mir verschwörerisch zu. „Na, hast du gestern noch ein bisschen spioniert bei Mr. Bond … äh … Blond?“

Ich knuffe Mara unsanft in die Seite. „Ach komm, sei still! Du bist ja nur neidisch.“

„Neidisch?“ Mara kichert. „Worauf denn? Dass der tolle Jan dein Knie gesehen hat?“

Jetzt werfe ich Mara einen so bösen Blick zu, dass sie schnell einlenkt: „Das war doch nur Spaß, Fanny!“ Versöhnlich schiebt sie ihre Hand unter meinen Arm.

„Miriam meinte übrigens, du hättest mit dem Knie vielleicht doch lieber zu einem Arzt gehen sollen.“

Ich blitze Mara wütend an. „Du hast Miriam davon erzählt?“

„Ja, warum denn nicht?“ Mara ist stehen geblieben und sieht mich verwundert an. „Was hat eigentlich deine Mutter zu der Geschichte gesagt? Ich meine, das war schließlich ein richtiger kleiner Verkehrsunfall. Anscheinend hat dieser Jan nicht gut genug aufgepasst.“

„Quatsch! Ich hab dir doch schon erzählt, dass es allein meine Schuld war. Ich bin blindlings auf die Straße gerannt.“ Ich werfe meine Haare zurück. „Und wenn du's genau wissen willst: Ich hab meiner Mutter gar nichts davon erzählt."

„Wie?" Mara schnappt nach Luft. „Aber wieso denn nicht?"

Ich zucke die Achseln. „Ach, weil meine Mutter eine Riesensache daraus gemacht hätte. Sie hätte sich furchtbar darüber aufgeregt, dass ich einfach so in die Wohnung eines ‚fremden Mannes' mitgegangen bin. Und dann noch der Unfall! Wahrscheinlich wäre sie direkt mit Papa im Schlepptau rübermarschiert, um Jan zur Rede zu stellen. Und ich … ich …"

„Du hättest endgültig dagestanden wie ein Baby", vollendet Mara meinen Satz.

Ich nicke. „Genau. Kannst du das nicht verstehen?"

„Doch, schon." Mara scheint einen Moment zu zögern, dann fragt sie leise: „Sag mal, hast du dich ein bisschen in ihn verknallt? In diesen Jan, meine ich."

„Quatsch!“ Ich spüre, wie mir die Röte ins Gesicht schießt. „Na ja, das heißt … also, er sieht schon süß aus, findest du nicht?“

Mara nickt. „Doch, klar. Aber Mensch, Fanny, glaubst du wirklich, dass er sich für dich interessiert? Er ist doch mindestens zehn Jahre älter als du!“

„Na und?“, sage ich herausfordernd. „Papa ist auch acht Jahre älter als Mama. Das spielt doch keine Rolle. Ich glaube im Übrigen nicht, dass du das beurteilen kannst, Mara.“

Mara wendet sich ab. „Wenn du meinst …“

Den Rest des Vormittags reden wir nicht mehr über Jan. Wir spüren beide, dass wir uns auf dünnem Eis bewegen, dass ein Streit in der Luft liegt. Und streiten sind wir nicht gewöhnt, jedenfalls nicht miteinander. Es verunsichert uns.

Von der Schule kriege ich heute noch weniger mit als sonst. Ich muss dauernd an Jan denken.

Vielleicht laufe ich ihm ja heute noch einmal über den Weg? Aber das wäre wirklich ein ziemlich großer Zufall! So viel Glück habe ich in der Regel nicht. Ich überlege. Ich könnte natürlich … Ja, das ist eine gute Idee! Das mache ich! Ich backe Jan einen Kuchen! Nur so, als kleines Dankeschön. Da ist doch nichts dabei, oder? Das ist doch ganz normal, wenn sich jemand so nett um einen gekümmert hat. Und den Kuchen bringe ich Jan gleich heute Nachmittag vorbei. – Super Idee! Darüber freut er sich bestimmt! Und Mama kriegt gar nichts davon mit. Die muss nämlich heute wieder arbeiten, weil eine Kollegin im Secondhand-Laden krank geworden ist. Das passt also alles bestens.

Nach der Schule beeile ich mich, nach Hause zu kommen. Wo ist denn das Backbuch? Ah, da ist es ja! Ich habe mir schon genau überlegt, was ich backen könnte: Marmorkuchen!

Der ist schön einfach und sieht nach was aus. Schnell suche ich mir die Zutaten zusammen: Mehl, Butter, Eier, Zucker, Kakao, Backpulver. Prima, alles da! Ich muss nicht mal mehr in den Supermarkt. Also los! In null Komma nichts habe ich die Zutaten zusammengerührt. Statt des Mittagessens, das Mama mir vorsorglich in die Mikrowelle gestellt hat, ziehe ich mir eine ordentliche Portion Teig rein. Das macht auch satt.

Als der Kuchen im Ofen ist, atme ich auf. Geschafft! Jetzt kann ich mich ein bisschen aufstylen. Schließlich will ich nicht wie ein gerupftes Huhn bei Jan auflaufen. Ups, ist er überhaupt zu Hause? Ich habe noch gar nicht nachgeschaut. Schnell haste ich in mein Zimmer. Drüben brennt kein Licht. Kein Wunder, ist ja schließlich heller Tag. Aber ich kann Jan trotzdem sehen. Er scheint wieder zu Hause zu arbeiten. Super!

Eine knappe Stunde später steige ich die Treppe zu Jans Wohnung hinauf. Meine Hände, die den Teller mit dem warmen Kuchen tragen, sind eiskalt vor Aufregung. Um ein Haar hätte ich das Ding anbrennen lassen. Ich habe nämlich total lange überlegt, was ich anziehen soll. Zwei Dutzend Sachen habe ich anprobiert und mich dann doch für Jeans und ein knappes T-Shirt entschieden. Alles andere sah irgendwie affig und aufgebrezelt aus. Und ich kann mir nicht vorstellen, dass Jan auf so aufgedonnerte, eitle Tussen wie Caro steht. Ich meine, ich habe zwar jetzt auch lange vorm Spiegel gestanden, aber ich sehe nicht danach aus. Mehr so nach natürlicher Schönheit. Das hoffe ich jedenfalls.

## 6. Kapitel:
## **Überraschungsbesuch**

Ob Jan sich über den Kuchen freuen wird? Bestimmt! Ich stehe jetzt oben vor seiner Tür und horche einen Moment. Von drinnen ist kein Laut zu hören. Ich hole tief Luft, dann drücke ich den Klingelknopf. Ah, jetzt sind seine Schritte zu hören. Da geht auch schon die Tür auf.

„Oh, hallo Fanny!“ Jan lächelt. Ein bisschen verwundert zwar, aber er lächelt. Gott sei Dank.

Angespannt beobachte ich sein Gesicht, will keine seiner Reaktionen verpassen. Freut er sich? Doch ja, sieht so aus. Ich atme auf und halte Jan ein wenig verlegen den Kuchen entgegen. „Hier, als kleines Dankeschön.“

Jetzt lacht er: „Dafür, dass ich dich über den Haufen gefahren habe?“

„Quatsch, du weißt schon …“

Jan nimmt mir den Kuchen ab und betrachtet ihn von allen Seiten. „Hmm, der sieht ja gut aus! Selbst gebacken?“

Ich nicke stolz. „Gerade eben.“

Wir schweigen. Einen endlos langen Augenblick fürchte ich, dass er sich jetzt einfach noch mal höflich bedankt, um mich danach freundlich zu verabschieden.

Aber nein, Jan winkt mich rein. „Ich hab zwar gleich eine Vorlesung, aber den Kuchen müssen wir natürlich vorher probieren!"

Ich folge ihm in die Wohnung. Heute ist alles viel aufgeräumter als gestern. Hat er mit Besuch gerechnet? Vielleicht mit meinem Besuch? – Unsinn! Schließlich kann er nicht Gedanken lesen.

„Ich hab mir gerade einen Tee gekocht. Willst du auch?" Fragend hält mir Jan einen Becher entgegen.

„Gern."

Er deutet auf den Küchenschrank. „Du kannst den Kuchen schon mal aufschneiden. Die Messer sind in der obersten Schublade."

Einen Moment lang hantieren wir schweigend nebeneinander in der Kochecke herum. Ganz selbstverständlich. Fast wie ein Paar in der ersten gemeinsamen Wohnung. Einmal berühren sich unsere Hände. War das Zufall? Ich fühle mich wie elektrisiert.

Aber dann ist der Augenblick auch schon vorüber. Ich sitze wieder auf dem Sessel von gestern. Jan hockt mir gegenüber auf seinem Schreibtischstuhl.

„Wie geht's denn deinem Knie?“, fragt er, während er in den Kuchen beißt.

„Gut“, nuschle ich. Verdammt, warum habe ich so einen Riesenbissen genommen?! Jetzt sehe ich bestimmt voll blöd aus mit meinen Hamsterbacken. Schnell würge ich alles auf einmal runter. „Musstest du denn gestern noch sehr viel lernen?“, frage ich dann etwas zusammenhanglos.

Jan seufzt. „Allerdings! Glaub mir, ein Medizinstudium ist zum größten Teil pure Paukerei. In Freiburg hatte ich wenigstens eine nette Arbeitsgruppe. Aber hier hat sich noch nichts Festes ergeben. Na ja, mal abwarten.“

„Warum bist du überhaupt weg aus Freiburg?“

Jans Gesicht verschließt sich. „Ach, ich brauchte einfach Abstand."

„Von einem Mädchen?" Die Frage rutscht mir einfach so heraus. Hoffentlich wird er jetzt nicht sauer!

Aber Jan lächelt, wenn auch etwas windschief. „Ja, wenn du's genau wissen willst: von einem Mädchen."

Ich nehme einen Schluck Tee. Eigentlich kann ich mir überhaupt nicht vorstellen, dass es irgendeine Frau dieser Welt übers Herz bringt, Jan wehzutun.

„Wenn die nicht geschnallt hat, was für ein toller Typ du bist", sage ich energisch, „dann hat sie dich auch nicht verdient." Schon spüre ich, wie mir die Röte ins Gesicht schießt. Bin ich zu weit gegangen? Klang das irgendwie albern?

Nein, Jan lächelt. Neben seinem Mundwinkel bildet sich wieder dieses neckische Grübchen. Ach, wie gern würde ich diese

Stelle mal berühren. Ganz zart, nur mit dem kleinen Finger.

„Das hast du sehr lieb gesagt. Danke, Fanny!“ Jan blickt auf die Uhr. „Du, es tut mir leid, aber ich muss jetzt los.“

„Klar!“ Ich springe so abrupt auf, dass Tee aus meinem Becher schwappt. Warum bin ich nur so ein Trampel? Kann ich nicht mal ein klein bisschen graziös und anmutig sein? Männer mögen das – glaube ich jedenfalls.

An der Tür drehe ich mich noch mal um. „Also dann, bis heute Abend!“

„Heute Abend?“ Leicht verwirrt schaut er mich an.

„Na, wir winken uns doch wieder, oder?“

„Ach so.“ Jan grinst. „Ich weiß noch nicht genau, wann ich nach Hause komme. Aber wenn’s nicht zu spät ist …“

„Schon klar! – Tschüss, Jan.“

„Mach’s gut, Fanny! Danke für den Kuchen!“

Ich eile die Treppe hinunter. Mein Herz hüpft. Oh ja, er hat sich gefreut über den Kuchen! Ganz bestimmt! Und eine Freundin hat er auch nicht. Jetzt weiß ich es ganz sicher. Ich habe also eine Chance! Eine Chance! *Eine Chance!*

## 7. Kapitel: **Schöne Träume**

Als ich die Wohnungstür aufschließe, höre ich Mama in der Küche hantieren. So ein Mist, wieso ist sie denn schon zu Hause?

„Fanny?“

Na prima! Jetzt kann ich mich auf ein Kreuzverhör gefasst machen.

Missmutig schlendere ich in die Küche. Mama hält mir vorwurfsvoll den Mixer unter die Nase. „Kannst du mir bitte mal erklären, warum du backst und hinterher alles stehen und liegen lässt? Schau dich doch mal um: Die Küche sieht aus wie ein Saustall! Und dein Mittagessen hast du überhaupt nicht angerührt.“

Ich zucke die Achseln. „Ich hatte keinen Hunger.“

Mama seufzt. „Wo ist eigentlich der Kuchen, den du gebacken hast?“

Ich überlege blitzschnell. „Ach der, der ist … verbrannt. Ich hab ihn gleich weggeworfen.“ Hey, das war jetzt keine schlechte Ausrede, oder? Na ja, geht so.

Mama mustert mich misstrauisch. „Im Mülleimer war aber kein Kuchen!“

Himmel, das ist ja hier wie im Krimi! Wenn das so weitergeht, fragt Mama mich gleich noch nach einem Alibi. Tatsächlich!

„Wo kommst du jetzt überhaupt her?“, bohrt Mama weiter.

„Ich?“

„Ja, natürlich du! Sonst sehe ich hier niemanden.“

Ich grabe meine Hände so tief in die Taschen meiner Jeans, als läge da irgendwo die rettende Antwort. „Also, ich … ich war bei Mara, wegen der Mathehausaufgaben. Und auf dem Weg zu ihr hab ich den verbrannten Kuchen gleich unten in den Müll geschmissen.“

„Aha.“ Mama schaut mich verwundert an.

„Ja, weil … der so gestunken hat, der Kuchen.“

„Soso.“ Mama lässt mich nicht aus den Augen. „Und? Seid ihr fertig geworden?“

Hä? Was meint sie denn jetzt? „Fertig? Womit?“

„Na, mit Mathe.“ Mama sieht mich an, als wäre ich ein bisschen begriffsstutzig.

Ach so. Ich zucke die Achseln. „Na ja, so einigermaßen. Aber ich glaube, ich schau mir die Aufgaben lieber noch mal in Ruhe alleine an. Bis später.“

Ich verschwinde in meinem Zimmer, bevor Mama anfangen kann, sich über meinen ungewohnten Matheeifer zu wundern.

Ich will jetzt allein sein. Ich will nachdenken. Ein bisschen vor mich hin träumen. Mein Blick fällt auf das Fenster im Nebenhaus. Niemand zu sehen. Klar, Jan ist jetzt in seiner Vorlesung. Jan …

Ich lasse mich aufs Bett fallen und schließe die Augen. Heute haben wir uns berührt. Dieser wunderbare Moment, als wir in der winzigen Küchenecke seiner Wohnung nebeneinanderstanden. So dicht … Ach, wie gern hätte ich da nach seiner Hand gegriffen! Oder meine Finger durch sein Haar gleiten lassen. Ganz sanft, von der Stirn bis zu dieser kleinen, empfindlichen Stelle im Nacken.

Und tiefer. Seine Schultern fühlen sich sicher wunderbar an. Und was für schöne schmale Hüften er hat. Ob seine Brust behaart ist? Ich muss kichern. Nein, bestimmt nicht. Das würde irgendwie nicht zu ihm passen. Sicher ist seine Haut ganz glatt und straff und …

Ich springe auf. Ist im Nebenhaus nicht eben das Licht angegangen? Nein, das war das Fenster der Omi in der Nachbarwohnung. Ich sinke zurück aufs Bett. Meine Hand gleitet unter mein T-Shirt. Wie es wohl wäre, wenn er mich hier berühren würde? Oder hier? Meine Finger wandern über meine Brüste. Sicher wäre Jan unendlich sanft und seine Küsse wären die Küsse eines Mannes … Ganz anders als die zwei, drei ungeschickten Schlabberküsse, die ich bisher über mich ergehen lassen musste. Brrr! Ich mag gar nicht mehr daran denken.

Ob ich Jan morgen wiedersehe? Bestimmt. Ich muss ihn einfach sehen, sonst dreh ich durch! Na ja, wer weiß, vielleicht kommt er mal zu mir rüber? Aber er weiß ja nicht mal meinen Nachnamen. Also hat er gar keine Chance, mich hier im Haus zu finden. Selbst wenn er wollte. Und ich glaube schon, dass er will. Er hat sich so gefreut, als ich heute zu ihm kam. Über den Kuchen – aber auch über mich.

Behandelt er mir nicht wie eine Frau? Natürlich tut er das! Mara irrt sich. Ich bin für Jan kein Kind mehr, ganz sicher nicht.

Wer weiß, vielleicht sehnt er sich gerade jetzt, nach der Enttäuschung mit dieser Frau in Freiburg, nach einem Mädchen, das keine Spielchen spielt. Das offen seine Gefühle zeigt, ohne zu verletzen. Nach jemandem wie mir.

„*Fanny?*“ Mama hat die Tür zu meinem Zimmer aufgerissen und stürmt herein. „Warum liegst du denn hier im Dunkeln? Geht’s dir nicht gut?“

Ich setze mich auf, ziehe schnell mein T-Shirt zurecht und blinzle ins Licht. „Nein, alles okay. Ich war nur ein bisschen schlapp.“

„Ich dachte, du wolltest Mathe machen.“ Mama runzelt die Stirn. „Na, wie auch immer, kommst du dann bitte? Das Abendessen ist fertig.“

Ich schüttle den Kopf. „Lass mal, ich hab keinen Hunger.“

„Aber zu Mittag hast du auch schon nichts gegessen!“ Mama stemmt die Hände in die Hüften und mustert mich kritisch.

„Ich hol mir nachher noch eine Banane, okay?“

Mama zögert, aber dann gibt sie auf. Wahrscheinlich hat sie keine Lust auf Nerverei. „Also gut, wenn du meinst …“

Endlich ist sie wieder draußen. Ich atme auf. Ich setze mich doch jetzt nicht zu Mama in die Küche und verpasse dann vielleicht noch Jans Rückkehr! Kommt gar nicht in die

Tüte. Ich bleibe jetzt hier liegen und warte auf ihn.

Doch plötzlich springe ich auf. Könnte ich mir nicht irgendwas anderes anziehen? Etwas Schönes, Zartes, Fließendes … Ein Anblick, der Jan in seine Träume begleitet. Au ja, das mache ich!

Ein zweites Mal an diesem Tag durchwühle ich meinen Kleiderschrank. Endlich fische ich ein fast durchsichtiges hellblaues Sommerkleid heraus. Super, auf die Entfernung sieht das Teil fast aus wie ein edles Nachthemd. Wenn ihn das nicht beeindruckt! Blitzschnell steige ich aus Jeans und T-Shirt und streife mir das Kleid über. Ich drehe mich begeistert vor dem Spiegel hin und her. Toll, jetzt kann er nach Hause kommen! Ich kuschle mich wieder aufs Bett und warte. Dabei lasse ich das Fenster gegenüber nicht aus den Augen. Immer wieder schaue ich ungeduldig auf die Uhr. Wann kommt Jan denn endlich? Diese blöde Vorlesung muss doch schon längst vorbei sein! Wo bleibt er denn nur?

8. Kapitel:
## Gelogen

Irgendwann muss ich eingeschlafen sein. Jedenfalls ist es plötzlich hell und mein Vater steht neben meinem Bett. Wie jeden Morgen. „Aufstehen, Fanny! Zeit für die Schule! Sag mal“, Papa runzelt die Stirn, „warum schläfst du denn in einem Kleid, Mäuschen?“

Erschrocken sehe ich an mir herunter. So ein Mist! Ich habe Jans Rückkehr verpasst! Anscheinend bin ich einfach eingepennt, wie eine Fünfjährige nach dem Kindergeburtstag! Und jetzt muss ich auch noch Papas Fragen nach meinem ungewöhnlichen nächtlichen Outfit beantworten. „Ich … äh … mir war so heiß heute Nacht und ich … hab so schnell kein dünnes Nachthemd gefunden.“

„Ach so.“ Papa nickt, als hätte er begriffen. Aber er wirkt immer noch irritiert. Das spüre ich ganz genau. Hoffentlich erzählt er Mama nichts von meinem seltsamen Nachthemd! Die löchert mich doch sonst während des gesamten Frühstücks mit ihren Fragen.

Aber ich habe Glück. Papa hält dicht und eine halbe Stunde später trabe ich erleichtert neben Mara zur Schule. Ob ich ihr von meinem gestrigen Besuch bei Jan erzählen soll? Nein, ich will mir die schöne Erinnerung nicht durch ihre Reaktion kaputt machen lassen.

In der Klasse schwingt Caro mal wieder das große Wort, um sie herum die übliche bewundernde Mädchentraube. Ich habe das Gefühl, Caro spricht heute noch lauter als sonst. Damit's auch jeder mitkriegt. „… Wir waren gestern Abend noch bei Timmi zu Hause. Seine Eltern sind ins Kino gegangen. Also optimale Bedingungen für uns, um in Ruhe … Ihr wisst schon …“ Caro senkt kichernd die Stimme. Aber nur so sehr, dass alle besonders aufmerksam zuhören. „Na ja, und als Tim gerade dabei ist, meinen BH aufzumachen, da springt die Tür auf. Seine Mutter steht mitten im Zimmer und …“

Plötzlich halte ich es nicht mehr aus. Ich will Caros nerviges, selbstgefälliges Gequassel abstellen. Egal wie. Ich denke nicht nach. Ich platze einfach heraus, laut und kühl mitten in ihr Geplapper hinein: „Tja, Caro, so was passiert, wenn man sich mit kleinen Jungs abgibt. Die wohnen eben noch bei Mami und Papi!“

„Hä?!“ Mit halb offenem Mund sieht Caro ziemlich dämlich aus. Das gefällt mir. Ihr Fanclub glotzt mich ungläubig an. „Willst du damit andeuten, Fanny“, ätzt Antonia, „dass ausgerechnet du einen älteren Typen hast?“

Ich zögere. Aber nur einen klitzekleinen Moment. Dann nicke ich herablassend. „Allerdings. Jan, mein Freund, ist fünfundzwanzig und studiert Medizin. Bei ihm haben wir immer sturmfreie Bude. Wenn ihr versteht …“ Meine letzte Bemerkung würze ich mit einem vielsagenden Grinsen. Inzwischen starren alle zu mir herüber. Klar, das hat der braven Fanny keiner zugetraut! Ich lache in mich hinein, wobei ich mich bemühe, Maras Knuffe zu ignorieren und weiterhin so cool wie möglich in die Runde zu schauen. Ob sie mich jetzt wohl nach Details fragen? Hoffentlich nicht! – Nein, ich habe Glück. Bevor Antonia die nächste Frage abschießen kann, kommt Frau Peters, unsere Mathelehrerin, reingerauscht. Mit einem einzigen Blick macht sie uns klar, dass der gemütliche Teil des Schultags jetzt vorbei ist. Fast bin ich ihr dankbar dafür.

In der großen Pause verdrücke ich mich mit Mara schnell in eine ruhige Ecke.

„Mensch, Fanny, was sollte denn das?“, hackt Mara auf mich ein. „Wieso erzählst du auf einmal solche Lügengeschichten?“

„Pst! Schrei doch nicht so!“ Ich versetze Mara einen unsanften Stoß in die Rippen. „Außerdem: Wieso Lügen? Ich habe die Geschichte mit Jan nur ein bisschen … na ja, weitergesponnen. Ob du es glaubst oder nicht: Da entwickelt sich wirklich was zwischen Jan und mir.“

Mara starrt mich an. „Echt?“

Ich nicke. „Ich war gestern Nachmittag wieder bei ihm und es war … sehr nett.“

Jetzt spiegelt Maras Blick unverhohlene Neugier: „Sag bloß, da läuft schon was?“

Ich zögere kurz, aber dann schüttle ich den Kopf. Mara will ich nicht auch noch anlügen. Das ginge zu weit. „Nee, bisher noch nicht. Aber wahrscheinlich dauert’s nicht mehr lange …“

„Triffst du ihn heute wieder?“

„Ja, ich denke schon.“

„Wieso weißt du das denn nicht genau? Seid ihr nun verabredet oder nicht?“

Mensch, Mara lässt aber auch nicht locker!

„Na ja, nicht so richtig. Aber ich hole den Kuchenteller nachher noch bei ihm ab.“

Das ist mir eben erst eingefallen. Aber es ist doch eigentlich eine super Idee! Ich werde Jan einfach sagen, dass Mama die Kuchenplatte dringend braucht, weil sie selber Besuch bekommt. Ich muss heute ja nicht ewig bleiben. Nur so lange, dass wir ein richtiges Date ausmachen können. Vielleicht verabreden wir uns ja fürs Kino? Oder wir gehen einfach spazieren, in den Stadtwald zum Beispiel. Oder wir schauen uns das neue Café an, das in der Erlenstraße aufgemacht hat. Jan kennt sich hier ja noch gar nicht aus. Er freut sich bestimmt, wenn ich ihm …

„*Fanny!* Hörst du mir überhaupt zu?“

Verwirrt schaue ich Mara an. Hat sie was gesagt? Ich habe kein Wort mitbekommen. „Du, Mara, ich …“

„Schon gut.“ Mara wendet sich ab. „Träum weiter! Ich geh schon mal zurück in die Klasse.“

Als ich Mara nach Schulschluss suche, ist sie schon weg. Einfach abgehauen, ohne ein Wort. Ob Miriam sie abgeholt hat? Nein, das hätte Mara mir vorher gesagt. Wahrscheinlich ist sie einfach sauer auf mich oder eifersüchtig. Weil ich mit Jan befreundet bin und sie nicht. Das kann gut sein. Aber darüber will ich jetzt nicht nachdenken. Ich bringe das mit Mara schon wieder in Ordnung. Bald. Morgen. Spätestens übermorgen.

Jetzt habe ich anderes zu tun. Ich muss mir eine Ausrede für Mama einfallen lassen. Für heute Nachmittag, wenn ich zu Jan rüberflitze. Oder soll ich ihr doch endlich von ihm erzählen? Nein, lieber nicht. Ich lass das mal alles so, wie es ist. Ich will erst mal abwarten.

Wenn wir dann richtig zusammen sind, Jan und ich, ist immer noch Zeit, um ihn Mama zu präsentieren. Tatatataaa! Liebe Mama, darf ich vorstellen: Das ist mein Freund Jan. Boah, da wird sie Augen machen! Und Papa erst! Das traut er seinem „Mäuschen“ bestimmt nicht zu. Ich kichere vor mich hin.

## 9. Kapitel:
## **Kribbeln im Bauch**

Zu Hause verschwinde ich gleich nach dem Mittagessen in meinem Zimmer. Fast automatisch starre ich in das gegenüberliegende Fenster. Ob Jan da ist? Schwer zu sagen. In seiner Wohnung brennt jedenfalls kein Licht. Ungeduldig presse ich meine Hände gegeneinander. Wann soll ich zu ihm rübergehen? Später? Oder jetzt gleich? Klar, warum nicht? Hausaufgaben kann ich sowieso nicht machen. Ich bin doch viel zu nervös, um irgendwas auf die Reihe zu kriegen. Nachher, wenn ich weiß, dass wir fest verabredet sind, bin ich wieder ruhiger. Ganz sicher. Aber jetzt kann ich nicht länger warten. Ich bürste meine Haare, bis sie glänzen, und schlüpfe in mein Lieblingsshirt. Etwas Lipgloss – halt, noch einen Hauch Parfum – dann stürze ich zur Tür. Jetzt bloß nicht Mama begegnen!

Im Vorbeigehen lege ich einfach einen Zettel auf die Kommode: Bin kurz spazieren. Vielleicht merkt Mama ja gar nicht, dass ich weg bin. Falls sie den Zettel findet, wird sie sich wundern. Spaziergänge sind nämlich sonst eher nicht so mein Ding. Egal. Ich muss jetzt zu Jan. Ich kann einfach nicht länger warten.

Mit klopfendem Herzen renne ich rüber zum Nebenhaus und stürme die Treppen zu Jans Wohnung hoch. Ich klingle, bin noch ganz außer Atem, als er öffnet.

„Hi, Fanny!“

„Hi.“ Mist, jetzt bin ich so aus der Puste, dass ich kaum sprechen kann! Warum bin ich auch so gerannt? Ich meine, das sieht doch total bekloppt aus. Und unsportlich wirkt es obendrein. Erwartungsvoll schaut Jan mich an. Klar, ich muss jetzt was sagen.

„Ich … äh … wollte eigentlich nur die Platte holen.“

„Platte?“ Er versteht nicht.

„Ja, also, die Kuchenplatte. Meine Mutter braucht sie heute." Oje, als ich den Satz ausspreche, höre ich selbst, wie bescheuert und kindisch er klingt. Hätte ich mir bloß einen besseren Vorwand für mein Auftauchen einfallen lassen! Aber jetzt ist es zu spät.

Wenigstens wirkt Jan nicht besonders verwundert. „Ach so! Der Teller, auf dem der Kuchen war. – Warte!"

Er verschwindet in seiner Wohnung. Bittet er mich denn nicht rein? Nicht mal für einen kurzen Moment?

Mir wird plötzlich kalt. Was hat denn das zu bedeuten? – Aber dann ist Jan auch schon wieder da. Er gibt mir die Platte und strahlt mich an. „Vielen Dank noch mal für den Kuchen, Fanny! War echt superlecker!" Mit einem verschwörerischen Blick deutet er nach hinten. „Leider hab ich im Moment keine Zeit. Ich hab Besuch von zwei Kommilitonen."

Kommili… was?

Jan grinst. „Zwei Jungs, die mit mir studieren. Wir wollen zusammen arbeiten. Das hat sich heute ergeben."

„Ach so, verstehe!"

Meine Gedanken rasen. Verdammt, was mache ich denn jetzt? Ich kann doch nicht einfach gehen. Ohne die Aussicht auf ein Wiedersehen. Ich hole tief Luft. „Ich dachte, also … vielleicht können wir uns ja morgen mal treffen, Jan. Also nur, wenn du magst. Es gibt da ein neues Café in der Erlenstraße. Das soll ganz toll sein und … äh …"

Jan nickt in mein Gestammel hinein. „Okay, ich rufe dich morgen Nachmittag an, ja? Dann machen wir was zusammen. Warte, ich schreib mir eben deine Nummer auf."

Mein Herz macht einen Luftsprung. Er will meine Telefonnummer! Er will sich mit mir treffen! Morgen! Jetzt wird alles gut. Ich diktiere Jan fix unsere Festnetznummer. Dann springe ich überglücklich die Treppe hinunter.

Morgen. Morgen. Morgen. Es hat geklappt. Morgen wird unser Tag! Ich weiß es einfach.

Schnell schlüpfe ich zurück in unsere Wohnung. Mama hat noch nicht mal gemerkt, dass ich weg war. Auch gut. Ich setze mich an meinen Schreibtisch und starre auf meine Hefte. Irgendwann müsste ich mal den Berg Hausaufgaben erledigen, den ich seit Tagen vor mir herschiebe. Aber nicht jetzt. Als ob ich mich jetzt auf Mathe und Englisch und all das öde Zeug konzentrieren könnte. Jetzt, da ich weiß, dass ich mich morgen mit Jan treffen werde! Ich bin viel zu aufgeregt.

Also verbringe ich den Rest des Nachmittags damit, mir unser Treffen auszumalen. Wie toll wird es sein, an Jans Seite durch die Straßen zu gehen und neben ihm im Café zu sitzen.

Aber vielleicht gehen wir ja auch ins Kino? Da muss ich nicht so viel reden. Da sitze ich nur dicht neben ihm in der dunklen Geborgenheit. Ja, das wäre schön! Am besten, ich schaue schon mal nach, welche Filme überhaupt infrage kommen. Irgendwas Romantisches, klar! Oder was Gruseliges, bei dem ich mich Hilfe suchend an seinen starken Arm klammern kann. Ich muss nur aufpassen, dass wir keinen pubertären Kitsch erwischen. Denn das turnt ihn mit Sicherheit ab. Hektisch blättere ich die Tageszeitung durch. Da ist die Kinoseite! Aber die Titel der aufgeführten Filme sagen mir alle nicht viel. Mist! Am besten, ich besorge mir morgen noch irgendeine Kinozeitschrift mit ausführlichen Kritiken.

Oder schleppe ich Jan doch besser in das neue Café? Wer weiß, vielleicht laufen wir ja dort sogar Caro über den Weg? Caro und ihrem blöden Tim! Oder der eingebildeten Antonia! Das wäre natürlich der Hit! Kann ich die drei da nicht irgendwie hinlotsen?

Nein, das wird zu kompliziert. Lenkt auch alles nur ab. Schließlich kommt es morgen nur auf Jan an, auf Jan und mich.

Wann er wohl anrufen wird? Wahrscheinlich am frühen Nachmittag, damit wir hinterher genug Zeit haben, was Schönes zu unternehmen. Ach, Jan …

An diesem Abend schaue ich nicht mehr ganz so oft rüber zu Jan. Wir treffen uns ja morgen. Da kann ich ganz ruhig sein. Also, wenn man das Ruhe nennen kann. Oh, Wahnsinn, ich bin so aufgeregt! Am liebsten würde ich die Zeit nach vorne drehen! Aber dann hätte ich diese herrliche, kribbelige Vorfreude nicht – und die ist auch schön. Sehr schön sogar!

## 10. Kapitel:
## **Noch mehr Lügen**

Am nächsten Morgen schaffe ich es zum ersten Mal, vor Mara an unserem Treffpunkt zu sein. Ich habe das Gefühl, kaum richtig geschlafen zu haben, weil ich viel zu aufgeregt war. Trotzdem fühle ich mich kein bisschen müde und zerschlagen, sondern superfit. Ja, ich könnte Bäume ausreißen!

Die Haustür gegenüber klappt und Mara kommt auf mich zu. Verwundert reißt sie die Augen auf. „Hi, Fanny! Du bist schon hier? Na, dass ich das noch erleben darf!"

Wir grinsen uns an. Ich atme auf. Mara scheint nicht mehr sauer zu sein, weil ich ihr gestern nicht zugehört habe. Alles wieder okay zwischen uns. Vielleicht erzähle ich ihr ja doch von dem geplanten Treffen mit Jan? Ich würde so wahnsinnig gern mit jemandem meine Aufregung und Vorfreude teilen!

Während ich noch überlege, wie ich anfangen soll, fragt Mara: „Wann kommst du denn heute Nachmittag?“

Entgeistert schaue ich sie an. „Heute? Wieso, was ist denn da?“

Mara seufzt. „Mensch, Fanny, zurzeit behältst du aber wirklich nichts im Kopf. Heute ist doch Miriams Geburtstag! Schon vergessen? Sie hat ein paar Leute eingeladen – und dich auch.“ Mara grinst. „Damit ich nicht so allein bin mit den ganzen Gruftis.“

Ich beiße mir auf die Lippen. Verflixt! Miriams Geburtstag! Den hatte ich ganz vergessen. Dabei haben Mara und ich letzte Woche mehrmals darüber gesprochen. Aber letzte Woche – das war in der Zeitrechnung vor Jan. Das scheint eine Ewigkeit her zu sein.

Ich überlege fieberhaft. Was soll ich denn jetzt machen? Mara wird mich umbringen, wenn ich ihr sage, dass ich heute nicht kann, weil ich mit Jan verabredet bin. Aber es geht nicht anders. Ich kann auf das Date nicht verzichten. Unter gar keinen Umständen! Also Augen zu und durch: „Du, Mara, ich … äh … ich kann heute doch nicht kommen." So, jetzt ist es raus.

Mara starrt mich an. „Wieso denn nicht? Ist was passiert? Ist was mit deinen Eltern?"

Mit meinen Eltern? Wie kommt sie denn darauf? Jetzt bin ich diejenige, die verwirrt ist. Ich überlege blitzschnell. Vielleicht ist das gar nicht so schlecht? Vielleicht sollte ich den Rettungsring, den Mara mir hingeworfen hat, einfach auffangen. Dann ist Mara nicht so sauer auf mich. Wenn ich ihr nämlich sage, dass mir das Treffen mit Jan wichtiger ist als Miriams Geburtstag, flippt sie garantiert aus. Also nicke ich langsam. „Ja, also … das stimmt schon. Ehrlich gesagt, meine Eltern haben sich gestern Abend tierisch gestritten. So schlimm war's noch nie, echt!"

„Wirklich?“ Mara schaut mich mitleidig an. „Worum ging's denn?“

Ich zucke die Achseln. „Ach, das hab ich gar nicht so genau mitgekriegt. Aber es war heftig, glaub mir! Na ja, und deswegen würde ich heute Nachmittag gern bei meiner Mutter bleiben. Der geht's nicht so gut, verstehst du?“ Ich erschrecke selbst, wie leicht mir die Lüge über die Lippen kommt. Und Mara schluckt alles, einfach so.

Sie nickt verständnisvoll. „Klar, das sehe ich ein, Fanny! Dann komm doch einfach später, wenn du meinst. Und wenn nicht, bin ich dir auch nicht böse.“

Ich drücke ihren Arm. „Danke!“ Ich kann Mara nicht ansehen, so sehr schäme ich mich für meine Lügengeschichte. Aber jetzt gibt es kein Zurück mehr.

In der Schule versuche ich, Mara aus dem Weg zu gehen. Ich habe Angst, dass sie sonst weiterbohrt und noch mal nach dem angeblichen Streit meiner Eltern fragt. Noch mehr lügen will ich nicht. Das halte ich nicht aus. Ich fühle mich schon so mies genug.

Endlich bin ich wieder zu Hause. Ich blicke auf die Uhr. Gleich halb drei. Jan kann jeden Moment anrufen. Das heißt, falls er selbst schon zu Hause ist. Neugierig linse ich rüber in sein Fenster. Doch, da drüben bewegt sich was. Er scheint da zu sein. Jetzt aber schnell! Ich habe mir schon gestern Abend überlegt, was ich anziehen soll. Und meine Haare sind natürlich frisch gewaschen. Das habe ich gleich heute Morgen gemacht. Jetzt fehlt nur noch ein bisschen Make-up. Aber nicht zu viel. Lipgloss, etwas Rouge, Wimperntusche, Parfum – fertig. Zufrieden betrachte ich mich im Spiegel. Jetzt kann's losgehen. Wie spät ist es denn inzwischen? Drei Uhr. Vielleicht kann ich Jan ja ein Zeichen geben, dass ich fertig bin? Ich stelle mich dicht ans Fenster und warte. Aber er reagiert nicht, hat mich anscheinend nicht gesehen.

Ich schlendere in den Flur. Wo ist eigentlich das Telefon? Ach je, das liegt ja in der Küche! Gut, dass ich noch mal nachgeschaut habe. Hier hätte ich womöglich das Klingeln gar nicht gehört. Mensch, bin ich froh, dass Mama nicht da ist und mit einem ihrer Dauertelefonate die Leitung blockiert. Da würde ich ja jetzt abdrehen!

Wieder zurück in mein Zimmer. Jetzt ist es schon fast halb vier. Wird langsam Zeit, dass er anruft! Ich schaue nach drüben. Na also, er ist zu Hause! Das Arbeitslicht über seinem Schreibtisch ist angeschaltet. Wahrscheinlich muss er noch was erledigen, bevor er mich anruft. Klar, so ein Medizinstudium ist sicher total arbeitsintensiv. Ich zwinge mich, vom Fenster wegzugehen, schlendere ziellos durch die Wohnung. Ich schalte den Fernseher an, zappe durch alle Programme und schalte das Ding wieder aus. Viertel nach vier. Das gibt's doch nicht! Warum ruft er nicht an? Ich schaue nach, ob das Telefon richtig angeschlossen ist. Ja, klar. Und aufgeladen ist es auch. Zum vierten Mal innerhalb von zwei Stunden aufs Klo. Bin ich nervös! Viertel vor fünf. Warum ruft er nicht an?

Ich gehe zurück in mein Zimmer, schalte das Licht an und stelle mich jetzt ganz dicht ans Fenster. Aber was ist denn das? Er hat die Gardine vorgezogen! Was soll das denn? Das macht er doch sonst nie! Hat er unsere Verabredung etwa vergessen? Oder habe ich ihn missverstanden? Sind wir gar nicht für den Nachmittag verabredet, sondern für den Abend? – Ich atme auf, das wird's sein. Ich überlege. Am besten, ich gehe kurz zu ihm rüber, damit wir besprechen können, wann und wo wir uns treffen. Ja, das wird das Beste sein …

## 11. Kapitel: **Ins Bodenlose**

Ich nehme den Wohnungsschlüssel von der Kommode und laufe die Treppe hinunter. Mein Herz klopft. Heute steige ich die Stufen zu Jans Wohnung ganz langsam hinauf, zögernd. Mit einem Mal bin ich schrecklich unsicher. Haben wir uns wirklich nur missverstanden? Eine seltsame, unbestimmte Angst packt mich und zieht mir das Herz zusammen.

Dann stehe ich vor Jans Wohnung. Gerade hebe ich die Hand, um zu klingeln, da höre ich plötzlich seine Stimme: „… Du, ich weiß nicht, wann ich hier fertig bin! Aber ich komme später noch zu dir, auf jeden Fall!“ Aha, klingt so, als würde Jan telefonieren. Aber was erzählt er denn da? Wieso später? Wir beide sind doch heute verabredet! Ich presse mein Ohr an die Tür, um Jans Stimme besser

verstehen zu können. „Ja, du, ich muss vorher noch jemanden anrufen. Du weißt schon, dieses Mädchen, das mir vors Fahrrad gelaufen ist.“ Jan lacht leise. „Ich glaube, sie hat sich ein bisschen in mich verknallt. Du weißt ja, wie die sind mit dreizehn, vierzehn … Trotzdem ist es eine blöde Situation, verstehst du? Sie taucht hier jetzt ständig auf, himmelt mich an und ich muss sie abwimmeln und … Was?“ Er hört zu. „Ja, klar tut sie mir leid. Aber hey, ich …“, wieder dieses leise Lachen, „ich bin doch kein Kinderschänder. Ich will nicht, dass sie sich irgendwelche Hoffnungen macht. Aber das muss ich ihr schonend beibringen. Na ja, das kriege ich schon hin. Du, ich muss jetzt …“

Den Rest höre ich nicht mehr. Ich bin wie betäubt. Nur Jans Worte hallen in mir wider: „… muss sie abwimmeln … klar tut sie mir leid … schonend beibringen …“ Und über allem dieses leise, leicht amüsierte Lachen. Das ist das Schlimmste!

Ich drehe mich um und gehe, ich spüre meine Beine kaum, spüre gar nichts. Nichts, außer Schmerz, außer einer unendlichen Kälte, die sich in meinem Körper ausbreitet. Meine Lippen zittern. Ich kann es nicht fassen: Die ganze Zeit über haben Jan meine Besuche genervt. Jedes Mal hat er mich belächelt, mich und meine „Anhimmelei“. Oh Gott, ich habe mich lächerlich gemacht! Wie konnte ich nur jemals glauben, dass Jan sich wirklich für mich interessiert? Dass er mit mir zusammen sein will? Dass er mich begehrt?

Aufschluchzend sinke ich auf den Treppenabsatz und starre blind vor mich hin. Sicher hat Jan schon die ganze Zeit überlegt, wie er mich loswerden kann! Wahrscheinlich hat er gestern, als ich diese dämliche Kuchenplatte abgeholt habe, mit seinen Kumpels schallend über mich gelacht.

Verdammt, warum hat er sich überhaupt um mich gekümmert nach dem Unfall? Hätte er mich doch einfach liegen lassen! Alles wäre besser gewesen als das jetzt! Als diese Enttäuschung! Diese schreckliche Demütigung! Das vergesse ich nie! Nie!

Mit den Armen umschlinge ich meinen Körper, wiege mich hin und her. Aber die Kälte will nicht weichen. Leise schluchze ich vor mich hin. Bis ich plötzlich über mir Schritte höre. Erschrocken halte ich den Atem an. Oh nein! Ich kann jetzt niemanden treffen, ich habe jetzt keine Lust auf blöden Smalltalk! Mist, warum bin ich eben nicht gleich zurück in unsere Wohnung gerannt? Wenn es nun Jan ist, der da die Treppe runterkommt?

Ich will nicht, dass er mich so sieht, so verheult und so erbärmlich! Bloß nicht! Bitte, bitte nicht auch noch das! Die Schritte kommen näher. Noch könnte ich fliehen. Ich müsste einfach losrennen. Schnell die letzten paar Stufen runter, Haustür auf und weg. Aber ich kann mich nicht bewegen. Ich sitze da und warte, wie festgewachsen. Endlich drehe ich mich um und sehe nach oben – und dann atme ich auf. Es ist Miriam, die auf mich zukommt.

Erstaunt sieht sie mich an. „Fanny, was machst du denn hier im Treppenhaus? Wolltest du doch noch zu meiner Geburtstagsfeier kommen?“ Sie bricht ab, scheint zu erkennen, dass etwas mit mir nicht stimmt. „Was ist denn los mit dir?“

Miriam setzt sich neben mich und zieht mich an sich. Kraftlos lasse ich meinen Kopf an ihre Schulter sinken und fühle ihre Hände, wie sie weich und gleichmäßig über meinen Rücken streichen.

„Schon gut“, flüstert sie nach einer Weile. „Ganz ruhig. Wollen wir einen Moment rausgehen?“

Als ich nicke, stehen wir auf und sie führt mich nach draußen. Noch immer liegt ihr Arm auf meinen Schultern. Ich atme tief durch. Die frische, kühle Luft tut mir gut.

Miriam lächelt. „Ich wollte nur kurz zum Bäcker laufen, um frisches Baguette zu holen. Das hatte ich nämlich vergessen. Magst du mitkommen?“

Ich nicke stumm.

## 12. Kapitel:
## **Aufgefangen**

Miriam hakt sich bei mir ein. „Weißt du, wenn die Welt um einen herum zusammenzubrechen droht, tut es manchmal gut, etwas ganz Normales, Alltägliches zu tun."

Ich werfe Miriam einen schnellen Blick zu. Ob sie weiß, was mit mir los ist? Wahrscheinlich. Mara hat ihr ja von Jan und meinem Unfall erzählt. Wie wir uns kennengelernt haben und überhaupt. Vermutlich kann sie sich den Rest zusammenreimen. Ist ja nicht so schwer, das zu durchblicken. Nur ich hab's nicht geschnallt. Ich wollte nur das sehen, was mir in den Kram passte, was Platz hatte in meinen rosaroten Träumen.

„Jan", sage ich schließlich, „es ist wegen Jan. Ich bin … ich meine, ich war …"

Miriam schaut mich mitleidig an. „… in ihn verliebt?"

„Ja. Ach, ich war so blöd. So verdammt blöd.“ Den letzten Satz flüstere ich fast.

Miriam schüttelt energisch den Kopf. „Nein, ich kann dich gut verstehen. Ich fand ihn auch attraktiv und charmant und …“

Als Miriam meinen erstaunten Blick sieht, lacht sie leise: „Dachtest du, in meinem fortgeschrittenen Alter sieht man das nicht mehr? Also, einen attraktiven Mann erkenne ich noch im Altersheim. Das hoffe ich jedenfalls.“ Miriam lächelt mir zu. „Im Gegensatz zu dir habe ich allerdings erkannt, dass Jan in eine andere Alterskategorie gehört als ich selbst.“

Ich seufze. „Dazu war ich leider zu blöd.“

Miriam streicht mir über den Arm. „Sei nicht so hart mit dir, Fanny! Du hattest einen Traum, den du nicht loslassen wolltest. Und ich kann dich sogar sehr gut verstehen. Schließlich ist die Wirklichkeit in eurem Alter oft verflixt schwierig: Die Jungs, die man will, die kriegt man nicht. Und die, die einen wollen, die will man selber nicht. Und man kann sich absolut nicht vorstellen, dass das irgendwann mal anders sein wird. Stimmt's?"

Stimmt. Und plötzlich muss ich an Fabian denken, meinen Verehrer in der Schule. Ob ich ihn mit meiner Ablehnung genauso verletzt habe, wie Jan mich verletzt hat? Ich hoffe nicht. Und falls doch, werde ich's wieder einrenken, wenigstens ein bisschen. Sich so mies zu fühlen wie ich heute, das hat keiner verdient.

Miriam spricht weiter. „Vielleicht suchen wir uns unbewusst auch manchmal Menschen aus, die wir nicht kriegen können. Weil wir ganz tief drinnen wissen, dass die Fantasie viel schöner ist, als die Realität es je sein könnte."

Jetzt komme ich nicht mehr ganz mit. „Wie meinst du das?"

„Na ja." Miriam überlegt einen Moment. „Vielleicht war es ja viel schöner, von Jan zu träumen, als mit ihm zusammen zu sein. Dann hättest du nämlich möglicherweise gesehen, dass er heimlich in seiner hübschen Nase bohrt, auf dem Klo Westernheftchen liest oder sich von seiner Mutter die Fenster putzen lässt …"

Erschrocken schaue ich Miriam an. „Tut Jan denn das alles?"

Miriam zuckt die Achseln. „Keine Ahnung, das waren ja nur Beispiele!"

Ich kapiere zwar immer noch nicht so ganz, was Miriam eigentlich meint. Aber es geht mir einen Hauch besser. Ich kann nicht mal genau sagen, warum. Bis mir plötzlich ein Gedanke kommt. „Und wenn Jan mich wirklich noch mal anruft? Oder ich ihn doch wiedersehe? Ganz zufällig, meine ich …"

„Dann grüßt du ihn höflich und gehst weiter. Fertig."

„Aber wird er sich nicht wundern? Also, nachdem wir sonst immer …?"

Miriam schüttelt den Kopf. „Warum sollte er sich wundern? Er wird sich sagen: ‚Klar, was soll so ein junges Mädchen wie Fanny, das sein ganzes spannendes Leben noch vor sich hat, mit einem alten Knacker wie mir?'"

Ich muss grinsen. „So habe ich das noch nie gesehen."

„Das solltest du aber."

Als wir schließlich vor der Bäckerei stehen, sagt Miriam: „Ich glaube übrigens, dass Jan schon bald wieder ausziehen wird. Er hat einen Platz im Studentenwohnheim bekommen."

„Echt?"

Miriam nickt. „Ich hab's heute von seiner Nachbarin erfahren. Er hat sich wohl schon von Freiburg aus beworben, und jetzt hat es geklappt."

„Ach so."

Also gibt es demnächst kein Jan-Fensterkino mehr. Aber das wäre jetzt ja sowieso vorbei. Umso besser, dann brauche ich mir wenigstens keine blickdichte Jalousie zu kaufen, um ihn nicht mehr zu sehen. Jan wird schon sehr bald wieder aus meinem Leben verschwinden. Wenn er überhaupt je richtig drin war. Ich schlucke. Ach, Jan … schöner Jan … mit dem süßen Grübchen neben dem Mund. Jetzt werde ich dich niemals dort berühren. Nie …

Miriam scheint zu spüren, was in mir vorgeht. Sie bleibt plötzlich stehen und schaut mir in die Augen. „Ich weiß, dass es wehtut, Fanny! Sehr weh sogar. Aber es wird besser, von Tag zu Tag ein bisschen. Versprochen!"

„Indianer-Ehrenwort?" Mein schwaches Grinsen bleibt kläglich in meinen Mundwinkeln hängen.

„Ganz großes Indianerfrauen-Ehrenwort!", sagt Miriam feierlich. Sie umfasst meine Schultern und schiebt mich in die Bäckerei. „Weißt du übrigens, was auch gut gegen böse

Männer hilft? Ein großes Stück Sahnetorte. Glaub mir, ich kenne mich da aus!“

In der Bäckerei ist es warm. Ich atme den Duft nach Vanille und Puderzucker ein. Und ich spüre, wie die Benommenheit, dieses unwirkliche Taubheitsgefühl, Stück für Stück von mir abfällt.

„Vielleicht komme ich gleich doch noch eine Weile mit zu euch“, sage ich leise. „Aber ich habe Mara vorhin so eine blöde Lügengeschichte aufgetischt, dass sich meine Eltern gestritten haben und …“

„Keine Sorge, das erklär ich ihr schon“, sagt Miriam. „Mara wird sich bestimmt sehr freuen, wenn ich dich mitbringe. Dich – und ein Stück Torte natürlich.“